AF224281

LA FRANCE

INDUSTRIELLE & RÉPUBLICAINE

DEVANT

L'EUROPE

Qu'en faut-il faire ?

La France du négoce et
et de la colonisation par
l Union Fédérative du travail et du capital.

J. L.

PARIS

TYPOGRAPHIE ET LITHOGRAPHIE DE LOUIS HUGONIS

6, rue Martel, 6

1884

LA FRANCE

INDUSTRIELLE ET RÉPUBLICAINE

DEVANT

L'EUROPE

———

I

On ne parla jamais dans des circonstances plus suprèmes de la crise industrielle qui pèse depuis dix ans sur notre pays.

Quand ce malheur frappe une nation et en paralyse ainsi progressivement l'artère nourricière, c'est le moment d'être ému et d'être juste envers elle comme envers ses mandataires, car le mal est grave. C'est le moment de dire à la France du travail :

« Aussi longtemps que tu as cru pouvoir conser-
« ver ton rôle prépondérant dans la science et dans
« le progrès, tu as été insensée !

« Les rayons de ton génie civilisateur ont fécondé
« la régénération des peuples de l'un à l'autre pôle,
« mais tu en es restée aveuglée ; c'était fatal, car
« les germes de tes immortels principes de 89 ne
« sont pas de ceux qui se perdent·ou s'annihilent.

« L'heure de leur éclosion universelle viendra
« par la vulgarisation de la science et par la con-
« naissance progressive des droits civils et politi-
« ques, éléments impérissables et générateurs d'une
« révolution passive qui nivellera l'Europe poli-
« tique comme elle est en train de niveler l'Europe
« industrielle ; mais ce moment est encore bien loin
« nous.

« Le despotisme autoritaire est là qui veille ; im-
« puissant à arrêter la lumière, il domine encore
« les peuples, et, tandis qu'ils te cherchent pour
« t'ouvrir une main fraternelle, il leur souffle la
« division et le combat, et cherche à fausser leur
« discernement en leur inculquant l'esprit des races
« et les méthodes individualiste et autoritaire.

« Tu t'es cru forte dans ton génie et dans ta
« loyauté, ô France ! et tu as manqué de la sagesse
« la plus élémentaire ; tu n'as pas soupçonné que
« tes sœurs, tes tributaires d'il y a quinze ans, pour-
« raient, dans un avenir peu éloigné, s'élever jus-
« qu'à ton niveau et engloutir tes travaux mêmes
« dans un débordement spontané.

« Tout ton mal vient de tes bienfaits civilisateurs :
« c'est la marche naturelle du progrès ; c'est son
« nivellement fatal, mais dangereux en cela qu'au

« lieu de venir à son heure et d'être un bien uni-
« versel, il est retourné contre toi par la main ma-
« chiavélique du despotisme autoritaire.

« C'est, enfin, un des tristes résultats de la paix
« armée, car c'est la guerre à l'intérieur et sans
« combat! »

Mais enfin, me dira-t-on, où est le remède ?

Il est dans le principe du mal ; il est dans la fédération du travail et du capital par les expédients,
en attendant celle qui naîtra des grands principes.
C'est ce que je tâcherai de démontrer tout à l'heure.

Je dois avant tout rendre hommage aux hommes
courageux, — et parfois incompris, — qui nous
gouvernent, et je voudrais témoigner hautement de
leur initiative et de leur constante sollicitude touchant cette grande question de vitalité nationale.
Certes, si les perturbations inévitables de la politique extérieure pouvaient, *à priori*, donner une
idée approchée de leur courageuse attitude, nul
doute que la France industrielle ne vint, par un
mouvement aussi généreux que spontané, protester
de sa gratitude et de sa confiance.

Mais, hélas! le problème est plus complexe, et le
mérite de l'œuvre n'apparaît pas nettement aux
yeux de ceux qui ne savent pas ; et quand, de toutes
parts, j'entends discourir dans le vide, un sentiment

de tristesse et de découragement s'empare de mon esprit, et ce n'est qu'avec peine que je retrouve, — dans ma confiance absolue en nos hommes d'Etat, — une légitime espérance et une consolation.

Tout en louant la bonne volonté et les efforts des membres de la Commission nommée *ad hoc*, ainsi que leur incontestable dévouement à l'intérêt de cette grave question, je dois à la vérité de déclarer que pour la résoudre utilement, il importe de joindre, à des aptitudes spéciales, qui, dans l'espèce, peuvent seules donner le discernement voulu, une connaissance parfaite de l'état industriel de l'Europe centrale et orientale et de l'organisation commerciale qui s'y rattache.

S'il m'a été donné de voir cette situation d'assez près pendant quelques années, je ne prétends certes pas en tirer d'autres avantages que celui que pourrait me procurer la satisfaction d'avoir été utile à mon pays, trop heureux si peu qu'on voulût m'en croire; mais il faut bien reconnaître, — et c'est bien là la cause primordiale de nos malheurs, — que peu de Français s'en font une idée précise.

Nous sommes, hélas! touchant cette question, d'une candeur et d'une ignorance proverbiales, fort habilement exploitées d'ailleurs par nos concurrents.

Ce que je dis là paraîtra peut-être suranné, mais c'est malheureusement toujours vrai.

Aussi quand je vois, à l'inepte despotisme théocratique et autocratique, se joindre le despotisme révolutionnaire de carrefour pour crier « haro! » sur les hommes qui nous gouvernent, je ne puis faire autrement que de les plaindre car je cherche en vain leur excuse dans leurs passions, dans leur ignorance et leur aveuglement.

**

****

II

Pratiquement, la France est dans ce dilemme : ou subir l'envahissement toujours croissant des produits étrangers, ou sortir, enfin, de sa coupable inaction commerciale et s'appliquer à répandre les siens qui, — Dieu merci! — sont susceptibles de s'imposer encore avec quelque avantage sur les marchés d'Europe.

La première proposition de ce dilemme est un fait désastreux. Tout Français en gémit, mais personne ne sait l'empêcher.

Quelles en sont les causes?

Les hostilités nationales entretenues par les despotismes autocratiques et militaires, et appuyées par une organisation commerciale aussi simple qu'effective, et dont le fonctionnement est assuré avec un zèle qui part de haut.

Comment en amoindrir l'action?

Par l'application immédiate d'un système similaire et par la colonisation; en d'autres termes, par l'union fédérative des corporations industrielles et des capitaux, par l'appui financier du gouvernement dans la création à l'étranger de ces centres nouveaux de commerce et d'industrie et, surtout, par un encouragement effectif à la colonisation.

Le moyen est-il bon?... Incontestablement, puisqu'il sauva l'Agleterre qui crut un instant avoir tout perdu en perdant sa fortune agricole, et qu'il fait vivre tous nos concurrents.

Là où nous n'irons pas, les autres iront. Et si on ne se hâte pas de créer des comptoirs commerciaux et des Frances nouvelles, nous verrons, dans un avenir peu éloigné, la Mère-Patrie se réveiller mourante dans l'étreinte consomptive de la paix armée!

L'élaboration d'un programme serait peut-être prématurée, et m'entraînerait d'ailleurs en dehors du cadre que je me suis tracé.

Je me bornerai donc à exposer, dans ses grandes lignes, le caractère de la situation commerciale de nos concurrents les plus redoutables, pour en dégager le principe des conclusions proposées.

Quand on parcourt cette partie de l'Europe

centrale comprise entre Vienne, Constantinople et Moscou, ce n'est pas sans quelque amertume dans le cœur et quelque humiliation nationale, que l'on constate l'absence, à peu près complète, de toute représentation de l'industrie française dans ces contrées tant recherchées de nos voisins d'Outre-Manche et d'Outre-Rhin. Négligence coupable et anti-patriotique, car dans tous les grands centres de population, tels que : Cracovie, Lemberg, Cernowitz, Jassy, Kichenew, Odessa, toute la Russie méridionale, Constantinople, Galatz, Bucarest, Pesth, etc., la sympathie la plus franche est pour nous, et le commerce est aux autres. Croyez-vous que cela tient exclusivement à ce qu'ils vendent meilleur marché que nous ?... Quelle erreur !...

Pour certains objets mobiliers et d'habillement, peut-être, et encore.... il ne serait pas difficile de prouver que l'union fédérative de nos corporations, dont les sections commerciales seraient détachées dans ces pays, n'en pourraient offrir autant et assurément de meilleur goût. La place est au plus avisé et au plus actif, voilà tout.

Quant aux objets d'industrie mécanique et agricole, que Anglais et Allemands y importent tous les ans pour des sommes colossales, je déclare, sans crainte d'être démenti par les hommes compétents, qu'ils sont, non-seulement assez chers, mais assez mal construits, et que, sur ce point, l'industrie française n'aurait pas de peine à lutter avec avantage.

Il n'est pas un centre important de ces contrées qui n'ait ses ramifications et ses relations commerciales parfaitement établies. Partout vous trouvez les Anglais offrant leurs machines industrielles et agricoles ; partout, ils ont bien vite créé des entrepôts et des ateliers de montage et de réparations.

A côté d'eux, on voit le fonctionnement des succursales allemandes, offrant les vêtements, l'objet mobilier et le petit outillage industriel et agricole.

Tout cela porte, au point de vue de la construction, comme au point de vue du goût, la facture de l'exportation, mais se vend néanmoins fort cher. Il n'y a pas à choisir, et les besoins de ces pays sont grands.

Ce qui frappe et domine, c'est que tout cela s'appuie sur une organisation commerciale tenace et parfaite qui assure un écoulement permanent et régulier des produits.

Qu'on n'aille pas croire que le mérite exclusif en revient aux producteurs allemands et anglais, non ; ils n'ont pour ce faire, — dans ces pays du moins, — ni les aptitudes, ni les sympathies voulues. C'est, d'une manière générale, l'élément israélite qui est à la fois, l'intermédiaire dirigeant et obligé des transactions financières et commerciales en même temps que l'agent préposé à l'application des fausses marques.

Les juifs, en un mot, sont leur complément indispensable, en cela qu'ils en sont le plus souvent la

représentation commerciale la plus parfaite et, parfois aussi leur prête-nom intéressé.

Nous occuperions le marché, nous voudrions
faire du négoce, que c'est nous qu'ils serviraient
avec le même attachement intéressé et le même zèle
envahissant. Le trafiquant n'a pas de patrie, il suit
le trafic; surtout quand on l'y pousse par un appat
assuré.

C'est pourquoi on les a vu reparaître depuis douze
ans environ, et s'échelonner dans nos villes fron-
tières comme dans le cœur de la France pour cou-
vrir de leur nom les produits allemands dont on
nous inonde. En veut-on, sans chercher bien loin,
un exemple topique?

Qu'on jette un coup d'œil rétrospectif sur ce qu'é-
taient, il y a quinze ans, les grandes maisons de
commission de Paris; qu'on les compte aujourd'hui
et qu'on regarde d'où elles viennent; qu'on cherche
à savoir, — ce qui n'est d'ailleurs pas facile, — ce
qu'elles nous achètent et ce qu'elles nous vendent?...
et l'on verra que notre inertie commerciale est telle,
que nous nous laissons surprendre jusque chez nous-
même? que Belges, Allemands et Anglais font sou-
che en France, deviennent les fournisseurs attitrés
de certaines Compagnies dans tout ce qui est maté-
riel fixe et roulant de chemins de fer et outillage
quelconque, et qu'avant peu, les chaussures de
Vienne, les draps de Brunn et les chapeaux anglais
habilleront la moitié de Paris.

Et voilà pourquoi il est communément constaté,

à l'étranger comme dans nos propres colonies, que sur cent parties de marchandise que possède un négociant, on trouve 90 o/o de produits allemands ou anglais contre 10 o/o de produits français.

Tout cela est le résultat de l'organisation et de la discipline dans le travail, et de l'activité dans le trafic. C'est en perdant ces qualités que nous avons perdu notre situation et notre fortune commerciales.

Et maintenant, corporations du tissage, de la cordonnerie, du meuble, etc., vous tous, enfin, ouvriers et patrons d'un autre temps, qui provoquez les grèves, posez la main sur votre conscience, rentrez en vous-même, et dites-moi si elles sont opportunes?...

III

De cet exposé rapide mais sincère de notre situation, voici, à mon avis, ce qu'on en peut déduire.

C'est que la solution ne saurait résider dans les dispositions plus ou moins habiles des traités de commerce, et qu'il est absolument puéril d'exagérer la responsabilité d'un gouvernement touchant les conséquences à provenir de ce chef. Il demeure constant que ces nations, nos tributaires d'il y a quinze ans, deviennent chaque jour davantage de nouveaux centres manufacturiers dont les produits viendront, dans un avenir peu éloigné, augmenter le stock déjà si grand de consommation. Que faire à cela ?... c'est fatal ! c'est la marche naturelle du progrès ; nul ne peut l'arrêter.

Vaincre l'Europe despotique armée et proclamer la Fédération universelle et l'unité de la méthode ?... Folie ! — Utopie !... c'est l'œuvre du temps, parce que c'est l'œuvre pacifique de la science universelle ; elle seule unira un jour tous les esprits dans les lois absolues qu'elle découvre.

Il nous reste donc toujours la France commerciale actuelle et républicaine ; qu'en faut-il faire ? — Le porte-drapeau de l'union fédérative du travail et du capital afin d'en pouvoir faire la France du négoce et de la colonisation.

Et si l'on m'accorde volontiers que je suis dans la voie de la vérité, je dirai aux hommes d'action, aux patriotes sincères :

« A l'œuvre ! — De la méthode et de la cohésion
« pour produire l'effort voulu !

« Groupez-vous autour du Cabinet qui a seul
« compris le mal qui ronge la nation depuis dix ans.

« C'est vous qu'il attend ; c'est vous qui devez
« représenter l'initiative nationale. Son rôle a des

« devoirs qui se manifesteront en temps utile. C'est
« à vous qu'il appartient de dire à l'ouvrier :

« Assez d'incessantes ambitions, assez d'argu-
« ments de circonstance ; tous les ouvriers se valent
« aujourd'hui.

« La perfection toujours croissante de l'outillage
« et sa vulgarisation universelle ont tracé les limites
« de votre action mécanique et, malgré les despotes
« et malgré vous, elles nivelleront votre valeur et
« vos salaires.

« Ouvrez les yeux à la lumière, dépouillez-vous
« de votre esprit frondeur ; un peu plus de respect
« professionnel. Vous êtes les enfants de la France
« industrielle ; vous lui devez amour et dévoue-
« ment comme elle vous doit amour et appui.

« A ce prix-là, partez !... et la France vous suit.

Aux patrons et aux chefs d'industrie, dites-leur
ceci :

« Hommes d'autre temps, puisez dans l'écœurant
« marasme de votre situation les sages enseigne-
« ments d'une nouvelle existence commerciale, ou
« disparaissez pour faire place à d'autres !

« Si vous voulez vivre, patrons et ouvriers,
« inspirez-vous de l'esprit de fédération ; faites avec
« lui le tour du monde, et vous en reviendrez plus
« instruits dans les vertus professionnelles qui vous
« sont nécessaires et mieux équilibrés dans votre
« fortune.

« Organisez l'existence de cette Union Fédéra-
« tive si vous voulez assurer la vôtre et celle de la
« Mère-Patrie.

« Partez créer des centres nouveaux de com-
« merce et des comptoirs qui soient bien à vous.
« Répandez-vous sur le monde tout en vous don-
« nant la main, et la manifestation de votre fonc-
« tionnement, rendra à la nation sa paix intérieure
« et sa fortune commerciale.

« Partout où vous serez, la France sera avec vous,
« et les sacrifices premiers lui seront légers. » (1)

Et quand vous aurez scellé le principe de cette
union, tournez-vous vers nos courageux hommes
d'Etat et dites-leur :

« Vous avez bien mérité de la France industrielle ;
« vous l'avez sauvée, elle vous dit merci !... jusque
« dans les générations futures !

« Vous avez courageusement rompu avec cette
« influence inepte et cet esprit de coterie qui a
« prétendu faire vivre la France industrielle en
« gaspillant des milliards à la construction d'un
« réseau de voies ferrées inutiles pour la plupart,
« et qui n'a réussi qu'à la doter de quelques tron-
« çons épars exécutés sans méthode et sans profit

---

(1) Pour assurer le succès de l'Entreprise, il importe de réduire l'impôt
sur les matières premières, ainsi que les prix de transports, et d'avoir des
Consuls compétents et dévoués.

« pour la fortune publique, tout en conduisant le
« trésor national aux limites d'une faillite.

« Vous avez osé proclamer la nécessité impé-
« rieuse de l'organisation de nos colonies, et les
« obstacles ne vous ont pas émus.

« Nous rendons un hommage éclatant aux sen-
« timents patriotiques qui vous inspirent cette
« haute conduite politique, et nous sommes tout à
« vous pour assurer la réalisation de votre pro-
« gramme.

« Si les capitaux privés redoutent, dans leur cou-
« pable routine, de se fédérer avec le travail pour
« créer des comptoirs commerciaux et des centres
« nouveaux d'industrie, comptez sur ceux de la
« mère patrie; ils ne vous feront pas défaut.

« Que faut-il, en somme, pour assurer la fon-
« dation et l'essort de cette œuvre? — Tout au plus
« 20 millions.

« Que nous coûteront l'œuvre d'encouragement
« et l'organisation de nos colonies?— 100 millions.

« Soit; mais cette même France qui a donné des
« milliards pour être conduite à la ruine, saura
« trouver 120 millions pour refaire sa fortune et
« reconquérir son rang dans l'Europe industrielle
« et commerciale; elle vous en donne par nous la
« ferme assurance. »

⁕*⁕

Ce programme s'impose; il est devenu aujourd'hui une nécessité hors de laquelle je ne vois plus que des expédients de transition et non une solution. Il s'applique à la France industrielle et manufacturière qui souffre, et non aux professions nomades et de circonstance qui ne pourront jamais relever que des besoins capricieux et éventuels de la fortune intérieure.

Il porte avec lui les principes d'une institution qui a un caractère particulier et inoffensif aux pouvoirs établis; car on ne saurait y voir autre chose que la représentation libre du travail par lui et pour lui.

Enfin, il ouvrira une ère de prospérité nouvelle, à moins que, ne l'adoptant pas, on ne préfère affronter toutes les difficultés des révolutions intérieures qui naissent de l'effroyable détresse où cette situation nous plonge tous les jours.

10 Mars 1884.

Paris. — Imprimerie L. HUGONIS, 6, rue Martel.